AF276915

Miguel de Unamuno

A un literato joven
y otros ensayos

1.ª edición, 2024

© Guillermo Escolar Editor SL
   Avda. Ntra. Sra. de Fátima 38, 5.º B
   28047 Madrid

Directora de la colección: Eva Ariza Trinidad
Diseño de cubierta: Javier Suárez
Maquetación: Equipo de Guillermo Escolar Editor

ISBN: 978-84-19782-48-9

DEPÓSITO LEGAL: M-9223-2024

Impreso en España / Printed in Spain
Kadmos
PI El Tormes, Río Ubierna 12-14
37003 Salamanca

Miguel de Unamuno

A un literato joven y otros ensayos

eidos

Guillermo
Escolar
EDITOR

A UN LITERATO JOVEN

No cabe, mi joven amigo, que nos entendamos; usted habla un lenguaje y yo otro, y nos empeñamos, no sé bien por qué, en no traducirnos. Emplea usted frases de esas que en puro oírlas de labios maquinales han acabado por hacérseme ininteligibles.

Una de ellas es esa de «llegar». Francamente, cada vez lo entiendo menos. ¿Qué quiere decir lo de «Fulano ha llegado», «Mengano no llegará», «Es tan tan difícil hoy para un joven llegar», y otros dichos de la misma calaña? ¿Qué es eso de llegar? Llegar, ¿adónde? No hay más que una llegada segura e infalible: la de la muerte. Y esta es, tal vez, más que llegada, partida.

Contaba Ulises a la hija del rey de los feacios cómo se encontró en el reino de Hades, entre las

sombras de las heroínas muertas, con la de Ifime-
dia. La cual parió dos hijos, Oto y Efialtes, que
a los nueve años tenían nueve codos de ancho y
nueve brazas de alto, siendo los más hermosos que
crio la tierra triguera, después de Orión. Estos
dos jóvenes gigantes amenazaron armar guerra
a los inmortales mismos, y para ello intentaron
poner el Osa sobre el Olimpo y sobre el Osa el
Pelión, a fin de que el cielo fuese accesible. Y lo
habrían conseguido, añadió Ulises, de habérseles
colmado la medida de la mocedad. Pero Apolo los
mató antes de que les floreciera el vello sobre la
boca y bajo las sienes.

¿Intenta usted, mi joven amigo, escalar el cielo,
montaña sobre montaña, y teme morirse antes de
que la medida de la mocedad espiritual se le colme?
Si es así, entiendo lo de llegar; si no, no lo entiendo.

Y ¡ay de usted el día en que se le cumpla eso de
llegar! Le empezará el retorno.

Vea aquí por qué tantas veces le he deseado esperanzas que ni se le ajen ni se le realicen, esperanzas
siempre verdes y sin fruto siempre, esperanzas en
eterna flor de esperanza.

Le duele ser discutido y negado. ¡Ay de usted, si no lo fuese! El día en que llegue usted a ser un valor reconocido por todos, un valor entendido; el día en que se le rindan reverentes los que hoy le discuten, o sus hijos —si ese día triste le llega—, será el de la vejez del alma. Cuando el Dante recorría los reinos de los muertos, sorprendíanse estos al ver que aquel arrojaba sombra, y por ello sacaban que estaba vivo. Si hubiese dejado de arrojarla, era que había pasado ya el umbral de la muerte, donde toda sombra acaba ante las tinieblas. El día en que usted no haga ya sombra es que habrá entrado en el reino de los inmortales, es decir, de los muertos.

Ya sé qué es a lo que usted aspira, a entrar en este reino de los pálidos ensueños, a la inmortalidad de la muerte. Pero ¿cree usted que la presa vale la caza o la victoria el combate?

Si usted hiere y el herido grita, es que usted está vivo; si no se inmuta siquiera, es que están o él o usted muertos. Probablemente los dos.

El día en que con voz triunfante digan de usted: «¡Ya entiendo a este hombre!», está usted perdido;

porque desde entonces no es usted ya suyo, sino de ellos. Desde entonces les dirá usted siempre lo que creían que iba usted a decirles y lo que querían que les dijese.

Tampoco le entiendo del todo, sino muy a cuartas, aquello de que se está buscando. Querrá decirme que se está haciendo.

Dios, además, le libre de encontrarse, quiero decir, de encontrarse hecho. En el momento en que usted haya concluido de hacerse, empezará su deshacimiento. Hay una palabra en latín que significa lo concluido, lo hecho del todo, lo acabado, y es *perfectus*, perfecto. ¡Cuidado con la perfección!

Cierto es que se nos dijo que seamos perfectos como es perfecto nuestro Padre que está en los cielos; pero esta es una de tantas paradojas como contienen los Evangelios, que están llenos de ellas. La paradoja, en efecto, con la parábola y la metáfora, eran los tres principales medios didácticos de Cristo. Y él nos puso un ideal de perfección inasequible, único modo de que nos movamos con ahínco y eficacia a lo que puede alcanzarse. A la perfección divina no podemos llegar, y precisamente porque no podemos llegar a ella es por lo que se nos da como enseña de llegada.

Me dirá usted que si se busca es en el propio conocimiento y para llegar a conocerse y no a otra cosa, y me recordará al propósito la tan mentada y tan asendereada sentencia délfica. Aún no sé si el conocerse a sí mismo es el principio o el fin de la sabiduría, y el fin de la sabiduría, como todo fin, es cosa terrible; pero pienso que acaso fuera mejor que cambiásemos la sentencia famosa y ya acuñada diciendo: «Estúdiate a ti mismo». Estúdiate a ti mismo, llegues o no llegues a conocerte, y acaso sea mejor que no llegues a ello, si es que te estudias. Cuanto más te estudies, más te ensancharás y te ahondarás espiritualmente, y cuanto más te ensanches y te ahondes, más difícil te será conocerte.

Y estúdiese usted obrando, en su obra, en lo que haga, fuera de sí. Es muy malo andar hurgándose la conciencia a solas y en lo oscuro. A la luz del día y ante los hombres ponerla al sol y al aire, para que se oree y se ilumine.

Ya otra vez le dije que se anduviese con cuenta con eso de los diarios íntimos, y no me lo entendió usted. Los diarios íntimos son los enemigos de la verdadera intimidad. La matan. Más de uno que se ha dado en llevar su diario íntimo empezó apuntando en él lo que sentía y acabó sintiendo para apuntarlo. Cada mañana se levantaba preocupado con lo que habría de apuntar por la noche en su diario, y no hacía ni decía nada sino para el diario, y en vista de él. Y así acabó por ser el hombre del diario, y este tuvo poco del diario de un hombre.

Es el mal de toda sensibilidad reconcentrada. Dicen que ocurre a las veces en el análisis químico-orgánico que al tratar de estudiar un compuesto muy complicado y poco estable, en el acto de accionar sobre él con un reactivo se le destruye, y en vez del cuerpo que se busca estudiar y conocer, se encuentra uno con productos de su descomposición. Y así sucede con el análisis psicológico. Y de aquí el que en las más de las novelas llamadas psicológicas encontremos descripciones de estados de conciencia; pero rara vez encontramos almas, almas enteras y verdaderas, como sentimos palpitar y respirar detrás de una frase de obras nada psicológicas. Para verse uno a sí mismo es mejor el espejo que no cerrar los ojos y mirar hacia dentro.

Está usted preocupado con dar una nota personal. Está bien, pero ¿cuál es la nota personal de usted? ¿Lo sabe usted mismo acaso? No es el que habla quien conoce mejor el timbre de su voz. La fisonomía de un río depende del cauce y de las márgenes. Déjese usted ir a la fuerza de su corriente, saltando represas, y no se cuide de lo demás. Así se llega al mar y se queda hecho río.

Algo me queda por decirle, no sé bien qué, pero vele aquí que caigo en la cuenta de lo vano que es meterse a consejero, y mucho más de jóvenes. Aquí cuadra aquello de «consejos vendo y para mí no tengo».

Otro que no yo, se aquietaría pensando que se los han pedido, como me los ha pedido usted esta vez. Pero yo sé bien que cuando un joven pide consejos no es sincero casi nunca, y lo que en realidad pide es otra cosa. Lo del consejo no pasa de ser un pretexto. Ya antes de ahora me ha ocurrido con alguno que se me ha revuelto, fingiendo desdén, porque no le dije lo que él esperaba y quería que le dijese.

Nadie tiene la culpa de defraudar un falso concepto que de él hayan podido formarse los demás.

Y desde ahora le anticipo que pocas cosas habrán de afligirle más en su carrera que el encontrarse con que aprecian en usted lo que usted menos aprecia en sí y le menosprecian por aquello en que se tiene en sí mismo en más aprecio. El exjesuita y sacerdote católico Jorge Tyrrell, cuya creciente fama llegara a nosotros, dice en su *Lex Credenti* estas palabras melancólicas: «En nuestra propia experiencia, ¿qué hay de más triste y desolador que el ser queridos y admirados por cualidades que sabemos no poseer, o por aquellas a que no damos valor o bien nos desagrada tenerlas, y no lograr, por el contrario, atraer a los demás a lo que creemos lo mejor nuestro, ni conseguir interesarlos en nuestros más profundos intereses?».

Observe que en este triste pasaje dice Tyrrell «ser queridos y admirados». ¡Qué dos cosas más distintas! A la edad de usted se busca acaso más la admiración que no el cariño de los demás, y aun aquella a expensas de esta; pero llegará día, mi joven amigo, en que sentirá usted sed, y una sed no de la boca, sino de las entrañas todas del alma, de cariño. Anhelará usted ser querido, y Dios le libre de encontrarse entonces presa del más congojoso de los tormentos todos espirituales, cual es el de no poder amar. Triste es no ser querido, pero es más triste no poder querer. Y no faltan almas que quieren amar sin poder conseguirlo, viéndose envueltas en una sequedad que las agosta, ahornaga y resquebraja.

¿Qué más me queda por decirle? Algo es, sin duda, pero no doy en lo que ello sea. Esto es lo de siempre; dejamos por decir lo que luego hubiéramos querido decir más. Y como se ha dicho muchas veces, nuestros mejores pensamientos son los que se mueren con nosotros sin que los hayamos formulado. Y acaso, acaso lo mejor nuestro es lo que de nosotros dicen los demás o lo que hacemos decir a los otros. Mis pensamientos germinan en mí y florecen en otros; yo soy un vivero para ellos.

Salamanca, marzo de 1907.

LOS ESCRITORES Y EL PUEBLO

En el semanario madrileño *Nuevo Mundo* publicó, no hace mucho, Baldomero Argente —publicista inteligente y culto, y sobre todo muy sugerente— un artículo que llevaba el título mismo que pongo a este mío, y el cual artículo ha merecido la reproducción en *El Progreso Latino*, de Méjico, con una nota en que se hace constar que es allí de tanta aplicación como aquí en España pueda serlo. Y como en tal artículo se vierten doctrinas que me parecen perniciosas tanto para el progreso y esplendor de la literatura como para la cultura del pueblo, voy a tomarlo en cuenta.

Empieza Argente suponiendo que su interlocutor, al oírle comparar a España con la Beocia, deplorando la escasa o nula influencia que ejercen sobre nuestra multitud el escritor, el periodista, el literato o el poeta, le interrumpe con algunas observaciones. Empieza por corroborar el hecho. Y añade que es escasa la influencia intelectual que el escritor español ejerce sobre su época. «En vano las plumas mejor tajadas —dice—, combatirán un prejuicio o una opinión vulgar; su voz se perderá en el desierto, y aparte de la eficacia de las razones, por valiosas que las aduzca, significarán poco su palabra y su actitud; le será rehusada esa fe, que nuestro pueblo sitúa tan pródigamente en cualquier charlatanismo, y que revela y gradúa la consideración que a cada uno de los modos de la actividad espiritual le es otorgada en cualquier época. De esta depresión en el influjo de los escritores proviene el aislamiento de los unos, la rebeldía de los otros y la humillante servidumbre de los más, sometidos a la interesada protección, lindera con la esclavitud, de intrigantes y corsarios de la vida pública que les son notoriamente inferiores en inteligencia y en virtud».

El cuadro me parece recargado de tintas y no del todo exacto. La influencia del escritor español en su pueblo no creo que sea muy inferior a la de otros escritores en otros pueblos, y si nosotros, los que escribimos, nos quejamos muy a menudo de que no se nos hace caso, eso solo quiere decir que nuestra influencia sobre el público no se refleja en provechos económicos inmediatos. Hablando en plata, de lo que nos quejamos no es de que no se nos haga caso, sino de que no se compren nuestros libros. Y un escritor puede muy bien influir mucho —por lo menos en ciertos espíritus— y vender poco, y otro vender mucho e influir poco. Porque si la influencia espiritual hubiera de medirse con ese metro, acaso resultara que la obra que ha influido más en España es la que nos cuenta las aventuras de Bertoldo, Bertoldino y Cacaseno.

Pasa luego el supuesto interlocutor de Argente, es decir, Argente mismo, a tratar de las causas del fenómeno, y amonesta gravemente a los escritores que culpan de ello al atraso del pueblo. «Los escritores que increpan a todo un estado social —dice— porque les hace poco caso, porque no los sigue, ni los discute ni los exalta, obligándolos a que se encaramen a las tribunas complacientes para discutir entre sí y hacer, con extravagante anticipación, la propaganda

18

de su obra futura, esos escritores no se han resuelto a hacer un breve examen de conciencia por si reside en ellos mismos el origen del mal que deploran». Y viene el examen de conciencia, en el cual nos dice Argente que «los escritores no escriben para la multitud y la multitud no encuentra en los escritores la voz de sus angustias y de sus anhelos, el canto de sus penas y la luz para sus peregrinaciones hacia otra tierra ideal que no sea la del sufrimiento o la iniquidad». ¡Qué bonito! Y, sin embargo, en el fondo, ¡qué falso! Porque, en primer lugar, hace muy bien todo escritor que se estime y tenga conciencia de la gravedad de su oficio, en no escribir para la multitud esa, y hace bien en no hacerlo en beneficio y provecho de la multitud misma, o mejor dicho, del pueblo. La multitud no sabe cuáles son sus angustias ni sus anhelos; la multitud no solo no sabe de ordinario lo que quiere más ni aun sabe dónde radica su mal. Porque si le duele la cabeza, puede estar el origen del daño en cualquier parte.

Dice luego Argente que no hay que apartarse del vulgo, porque en el vulgo están la fuerza y la pasión. No, ni la fuerza ni la pasión están en el vulgo, ni

hay nada más deleznable y pasajero que los escritores llamados populares.

Luego nos habla de la torre de marfil. Cierto,
la torre de marfil está desacreditada y es horrible
cárcel más que otra cosa; hay que bajar a la plaza
pública y pelear por el pueblo; pero para pelear
por él no es menester confundirse y perderse en
sus filas, ni unir la propia voz al grito inarticulado
de la muchedumbre. Se puede y se debe pelear por
el pueblo, por su bien, yendo contra el pueblo
mismo. Aun a riesgo de pasarse lo mejor de la vida
solo y aislado, pues a las veces no se logra una tarde
de respeto y de gloria sino tras una mañana de aislamiento y hasta de desdenes.

Hay vidas que son una enseñanza. Entre ellas,
la de Ibsen, que, tras de años de apartamiento
de su patria, Noruega, volvió al cabo a recoger el
fruto de su áspera y ruda sinceridad. Y la otra, la
de Carducci, indomable espíritu, lo ardiente de
cuyo patriotismo le forzó a llamar vil al vulgo de su
patria, Italia.

En el discurso que el gran patriota italiano leyó
en agosto de 1873, en una reunión de la Liga para

la instrucción del pueblo, decía, tratando de la literatura llamada popular: «Otra señal de nuestra vejez es el andar poniendo siempre aparte de los demás géneros un género por sí, la literatura popular. Toda literatura en la virilidad es popular por fuerza propia, por necesidad de las cosas; en la juventud, pues, es obra más o menos del pueblo mismo. Cuando en un siglo enteramente civil y consuetudinario surge una escuela literaria que busca y halla su única razón de ser en la necesidad de proclamar altamente sus intenciones populares y de ponerse en la gala de las formas populares, y cree deber y poder hacer novelas, poemas, libros a propósito para el pueblo, con alma y lengua todas del pueblo; cuando esto ocurre, quiere decir que aquel siglo en que tal cosa sucede puede tener por lo demás muchas virtudes y excelencias; pero es lo cierto que está muy lejos de la virilidad y de la juventud del arte. Semejante literatura, vieja ella, se imagina al pueblo como un niño grande, y le cuenta cuentos y le canta canciones de cuna. Cierto es que no quiere aparecer vieja y por eso se da afeites; pero en el sudor fatigoso de dárselos se le escurre y gotea el colorete por las arrugas de la dicción, y entre los falsos garbos de un hacer vivo y suelto, de repente, en las pretensiones sentimentales y en la afectación de llevarlo todo a un fin útil, moral, civil, asoma la vieja calculadora». Y prosiguiendo, Carduci decía que el advenimiento de la plebe es una necesidad histórica, solo que ni debe, ni aun queriéndolo podrían sobreponerse al orden y menos destruirlo violentamente. «Ella, corriente primaveral de vida, infundiéndose en los otros elementos sociales, los desheredará y los compenetrará mezclándose. Entonces el estado, la religión, la filosofía, el arte serán verdadera y sanamente innovados, entonces existirá finalmente el pueblo; el pueblo uno, igual, libre».

Mas entretanto, añado yo, lo más fácil es que esos escritores que pretenden bajarse hasta la plebe, en vez de esperar que esta suba hasta ellos, no hacen sino entorpecer y alargar la obra santa de la conversión de la plebe en pueblo, obra en vía de marcha. Hay que apartarse del vulgo, sí, y hay que apartarse de él en beneficio y pro del vulgo mismo. El que alcanzó una cima cualquiera, debe desde ella abrir los brazos y dar voces llamando a los demás a la cima y no bajarse so pretexto de mostrarles el camino, porque lo perderá él mismo y no podrá darles el ánimo que desde arriba les da.

No es exacto que el pueblo no entienda, y sobre todo que no sienta a esos escritores que parecen elevados sobre él; los siente muy bien, aunque solo sea en parte. Y aquí no se me ocurre sino remitir al lector a lo que al efecto escribí en mi *Vida de don Quijote y Sancho* al comentar el discurso del caballero a los cabreros. Sin entenderle del todo le entienden, o mejor, le sienten muy bien.

Carducci decía que esos fraguadores de una literatura popular consideran al pueblo como un niño grande. Y así es. Y los que escriben para niños afectan puerilidad y hacen como aquellos padres necios que se figuran ser mejor entendidos de sus hijos de lengua aún balbuciente, balbuciendo ellos.

Pocas cosas, en efecto, conozco más deplorables que las conferencias que se llaman populares. Cuando un hombre de una cierta cultura se esfuerza por ponerse popular, lo que se pone es ramplón, trivial y ridículo. Y en más de una ocasión he oído a obreros muy avisados que salían de oír semejantes sujetos exclamar «¡Por quién nos habrá tomado este tío!…».

Una cosa es apartarse de una literatura sin alma y sin pasión, fría y estéril, como dice Argente, y otra cosa muy distinta acercarse al vulgo. «De vez en cuando —añade Argente— suena una nota agria y díscola, explosión de un noble espíritu que rompe en dicterios e invectivas contra la sumisión y la ñoñez generales. Pero fuera de esos aislados gritos de cólera y rebeldía, las letras españolas cultivan casi exclusivamente su huerto de egoísmo». Notas agrias y díscolas contra la ñoñez general lanzó el noble espíritu de Carducci; pero jamás se bajó a mezclarse con el vulgo el poeta más hondo, más profundamente popular de Italia, el que al principio de sus *Odas bárbaras* estalló contra la usada poesía que se entrega al vulgo, y sin palpitaciones se tiende y duerme bajo los acostumbrados abrazos.

Por lo demás, acaso es cierto lo del egoísmo, y no menos cierto lo que añade Argente de que en mano de los propios escritores está el redimirse, si consideran que para ser los más fuertes lo primero no es la inteligencia ni la cultura, sino el corazón. Pero ¿es que acaso no es tan difícil hacerse corazón como hacerse cultura o inteligencia? Y concluye: «Cuando cada aflicción de la muchedumbre tenga en el escritor su espejo, y cada oscuro presentimiento de los núcleos sociales se cuaje y condense en la palabra escrita; cuando los escritores no vivan para sí mismos ni para sus provechos, sino haciendo de su alma ofrenda viva y perenne al amor de su raza y de su tiempo, el tiempo y la raza les devolverán la energía, la influencia, el poder avasallador sobre los sentimientos colectivos, y los escritores sentirán pasar por sus venas el cálido espíritu que rejuvenece y fortifica el espíritu de la verdad y del bien, sin los cuales toda obra intelectual es obra de corrupción».

Todo esto está muy bien, sin duda; pero hay que hacer notar que las muchedumbres no conocen bien sus propias aflicciones, ni reconocen desde luego al que mejor las refleja. Y ocurre con lamentable frecuencia que prestan sus oídos antes al curandero charlatán que al médico inteligente y conocedor de sus males. En el fondo del artículo, por lo demás muy bienintencionado y en parte muy justo, de Argente, palpita el sofisma democrático, ese sofisma que tan pernicioso es para el pueblo mismo, en obsequio al cual lo difunden. «El pueblo —ha dicho un escritor— odia la verdad». Y es cierto que la odia cuando la verdad no le es grata. El pueblo quiere que lo adulen, lo diviertan y lo engañen, aunque a la corta o a la larga acabe por despreciar y repulsar a sus aduladores, divertidores y engañadores. Es preciso, lo repito y lo repetiré aún mil veces, luchar por él contra él mismo.

Me explico muy bien —¡no he de explicármelo!— el que ciertos escritores se glorien más que de otra cosa alguna de las antipatías que recogieron en torno a su cabeza; comprendo perfectamente —¡no he de comprenderlo!— que lleven como prenda de un porvenir noble la cosecha, no ya de desdenes o de dicterios, sino de burlas. Simpatizo más que con nadie con esos solitarios que huyen del vulgo, cuando el vulgo está a punto de proclamarlos reyes, como hizo Cristo.

Y si luego se quejan de no ser oídos, es muy natural y muy justa su queja, porque es quejarse de que el vulgo sea vulgo, y no de otra cosa. Y esa queja es uno de los medios más eficaces de moverle al vulgo a que deje de serlo, a que se esfuerce por perder su vulgaridad.

Más desgracia, muchísima más desgracia ha caído sobre nuestra literatura del empeño que ciertos escritores ponen en acordarse con el vulgo y vulgarizarse, que no del empeño opuesto. ¿De qué sino de ese empeño, y empeño interesado, proviene la mayor parte del rebajamiento de nuestro teatro cómico?

No, no hay que predicar aquello de que el vulgo es necio, y pues lo paga, es justo hablarle en necio para darle gusto; demasiado lo saben nuestros escritores.

Ahora lo que hay que hacer notar es que ese apartamiento generoso y voluntario del campo del vulgo puede no ser cosa de egoísmo ni de falta de pasión y de interés por el pueblo; puede y suele muchas veces provenir de este interés mismo. Y en cuanto a esa recompensa de que al final de su artículo habla Argente, ella suele llegarle al escritor sin que tenga que bajar de su cima solitaria a mezclarse en la muchedumbre, cuando esta, corriendo el tiempo, llega a la cima aquella, desde la cual el solitario le llamaba a voces y abriéndole los brazos.

Salamanca, abril de 1908.

NATURALIDAD DEL ÉNFASIS

Nos cuadra empezar por un aforismo perogru-
llesco, verdadero axioma analítico que se formula
diciendo: en los espíritus de naturaleza enfática
el énfasis es natural. Proposición que me atrevo a
esperar encuentre evidente el lector, pero que me
atrevo a suponer también ha de olvidar no pocas
veces su evidencia.

Con tanta frecuencia, en efecto, se habla de
la naturalidad de un estilo confundiéndola con la
sencillez, y suponiendo, con suposición rara vez
acertada, que lo sencillo es lo natural.

La primera cuestión es, sin duda, la de saber qué
es natural y qué no lo es, y apenas entramos en ella
nos encontramos en un laberinto de dificultades.

Al viejo aforismo de que el hábito es una segunda
naturaleza lo completó alguien diciendo que la

naturaleza es un primer hábito. Y de hecho eso que llamamos la naturaleza de uno es cosa que se forma, deforma, reforma y transforma sin cesar. Y en rigor, de nadie puede decirse cómo es hasta después que ha muerto y al morir ha sellado su personalidad. Lo que empieza siendo adquirido, acaba por ser tan natural como lo congénito.

En general, lo que los críticos y preceptistas franceses llaman «*naturel*», suele ser lo menos natural que hay, a lo menos para nosotros los españoles, que tenemos, por lo común, una naturaleza diferentísima y en los más de los respectos casi opuesta a la de los franceses. La hermandad latina no es, en este respecto, como en tantos otros, más que un embuste. No puede llamarse hermandad a la influencia debida a la vecindad, e influencia casi siempre perniciosa.

La mezquina y estrecha estética francesa está, en efecto, y ha estado durante mucho tiempo trastornando y estropeando a no pocos de nuestros escritores. Sufrimos el yugo intelectual del pueblo acaso menos «simpático», quiero decir —porque el sentido corriente de simpático es otro— del pueblo que menos se compadece con los demás, que menos capaz es de penetrar en el espíritu de los modos de sentir y pensar de otros pueblos, del pueblo que vive más orgullosamente encerrado en sí mismo. No hay mentira mayor que el exotismo de los escritores franceses que se precian de exóticos. En el fondo de su espíritu, todo francés, por culto que sea, cree que Shakespeare o Calderón son unos bárbaros, cuya función social es dar la primera materia para que un Racine cualquiera haga dramas definitivos. Y cuando juzgan a un autor extranjero, su único criterio seguro y fijo es si es más o menos afrancesado, si se parece más o menos a ellos. En esto Zola, el incomprensivo Zola, aquel hombre de cerebro tan estrecho como grande era su ignorancia, fue un modelo.

En cambio, ved qué estimación de nuestros ingenios más propios y más naturales nos ha venido de Alemania o de Inglaterra. Schlegel puede decirse que descubrió Calderón al público europeo; Schopenhauer, a Gracián, y el *Quijote* acaso en ninguna parte es mejor y más hondamente sentido que en Inglaterra. E Italia misma, la otra gran nación latina, muestra una más honda simpatía con nuestras cosas espirituales que no Francia.

Uno de los reproches que más comúnmente nos hacen los franceses es el de que somos declamatorios. A lo cual no cabe responder sino: «Bien, ¿y qué?». Ya que no les devolvamos la pelota, reprochándolos de fríos o de intelectuales. Porque tal es la falta del espíritu clásico francés, su intelectualismo. Pueblo de grandes geómetras y matemáticos, que en puro arte llegan a falsificar hasta la emoción.

Cuando se nos reprocha de declamadores recuerdo al punto aquello de que el África empieza en los Pirineos.

Y este recuerdo se me viene entonces a las mientes traído a ellas por el eslabón de un gran declamador, del ardiente y admirable africano Agustín de Hipona. Y me ocurre al punto comparar la declamación del obispo africano con la retórica del obispo francés Bossuet, y pensar que el primero fue un buceador y descubridor de profundidades del alma humana, y el segundo un mero expositor elocuente de los grandes lugares comunes del galicismo a la francesa.

Decía Sarmiento en el relato del viaje que hizo a España en 1846, que cuando el género clásico francés atravesó los Pirineos y vino a aristocratizar el teatro en España, no pudiendo el pueblo comprender sus bellezas, abandonó un espectáculo extranjero ya para él y se contentó con las corridas de toros, donde al menos no podían perseguirle las tres unidades y donde comprende bellezas que se escapan a los ojos de los clásicos. Se me escapan también a mí, que no soy clásico a la francesa, estas bellezas; pero no dejo de comprender la exactitud de la observación del gran argentino, tan hondamente español. Y acaso hoy sucede que nuestro público se refugia en el género chico huyendo de los nuevos Moratines, una vez agotada la vena del último dramaturgo español.

Claro está que, como la naturaleza es algo que se está continuamente haciendo, hemos de estar trabajando de continuo en nuestro propio natural y buscando fuera de casa elementos con que alimentarlo y mejorarlo. Pero esos elementos nos serán tanto más útiles cuanto mejor los asimilemos, y nos asimilaremos mejor aquellos que más en consonancia estén con nuestra naturaleza. Y la vecindad, a la vez que la analogía de las lenguas, nos ha llevado a buscar nuestro alimento espiritual donde acaso menos deberíamos buscarlo. Todas esas frases de «nieblas hiperbóreas» y «suspirillos germánicos» denuncian un equivocado conocimiento del alma española. La latinidad de Italia, que tan poderosa estalla hoy, se debe en su mayor parte a las lecciones de Alemania.

Estoy seguro de que cuando en España se deje de leer a Zola o a Maupassant se seguirá leyendo a Dickens, y que este será más popular que aquellos, en cuanto en esto cabe popularidad.

Aquí entraría una nueva consideración, cuál es la de la diferencia que va de la literatura europea, y en general mundial, a las literaturas nacionales, y cómo ingenios de primera en estas apenas entran en aquella, y en cambio llegan a la circulación mundial ingenios que figuran en segundo o quinto grado en la estimación de sus compatriotas.

La tabla de valores que el sufragio de los doctos y cultos de un país forma con los ingenios del país mismo sufre un profundo cambio así que esos ingenios pasan las fronteras. Pero este es un nuevo e interesantísimo aspecto que debemos dejar para otra ocasión.

Salamanca, octubre de 1906.

POESÍA Y ORATORIA

Al final del séptimo de los veinticinco espléndidos discursos que componen la colección de los del gran poeta americano Juan Zorrilla de San Martín (*Conferencias y discursos*, prólogo de B. Fernández y Medina, Montevideo, 1905), o sea al final del discurso que pronunció en el Teatro Real, de Madrid, en la fiesta celebrada a favor del «Dispensario de Alfonso XIII», hacia el 1892, decía el poeta así:

Yo estoy persuadido, señores, de que así como hay estaciones del año en que los habitantes musicales del aire, aun aquellos que no abandonan nuestras regiones, desaparecen algún tiempo de entre nosotros para regresar, así desaparecen en ciertas épocas históricas los melodiosos habitantes del alma, los hijos de la vida afectiva. Hay bosques ocultos, aun en nuestros climas, aun a nuestro lado, en que se recogen los primeros, los pájaros

ahuyentados; hay pueblos encerrados en sí mismos, sustraídos
a las influencias invernales, que sirven de refugio a los últimos,
a los grandes ideales. Como ha habido bosques sagrados, no
estercolados para la producción y habitados solo por las visio-
nes, también existen pueblos que conservan algo de sagrado, de
no estercolado, en el fondo de su ser.

Acabé de leer esto, y me dije: pues nuestro pueblo debe de estar al presente muy estercolado, aunque no sé para qué clase de producción, porque los
melodiosos pájaros del alma, los poetas, no hacen
en él parada. Y menos que en otra cualquiera obra
del espíritu se oye poesía en la oratoria. Debemos
estar atravesando un invierno espiritual; los pájaros se han helado o han huido a climas mejores.

Hubo una época en que Castelar llenaba con sus
cantos resonantes y melodiosos la oratoria española,
y encantaba con ellos a nuestro pueblo. Pero fue
pasando su primavera y la primavera de los que le
escuchaban; pasó también el estío; llegó el invierno,
y la voz castelarina se heló y se helaron los oídos de
los que le escucharan. Y hoy es moda hablar con desdén de aquel género de oratoria, comparar a Castelar

con Tamberlick o con cualquier otro cantante y preconizar yo no sé qué oratoria que llaman severa y grave, sobria y desnuda.

Y esta tal oratoria, de que ahora se hacen tantos lenguas, es pura y sencillamente una oratoria esteparia, seca y árida, sin una flor ni una sola mata de verdura.

Castelar caía en gongorismos, es cierto, y abusaba de la imaginación con frecuencia; pero es que quien de algo abusa, es porque puede usar de ello. En cambio, los oradores que hoy se nos quiere hacer admirar como tales, no abusan de la imaginación, también es cierto; pero tengo para mí que es por carecer de ella. Cuando se les oye, el gesto, el timbre de voz, la entonación, la gallardía de la postura, podrán deslumbrar a los espíritus poco dueños de sí mismos; pero sus discursos son insoportables para ser leídos. No hay quien aguante su lectura. Yo, al menos, no la soporto.

Recuerdo una vez en que intenté leer cierto famoso discurso de cierto famoso orador parlamentario que había producido gran sensación con él. No pude acabarlo. No es que no lo digiriera, es que no lo pude tragar; me resultó indeglutible, no ya indigesto. Lo tuve que arrojar no bien encentado, pues era como si mascase serrín. Y es porque en aquel escueto y estéril sahara oratorio, en aquel páramo pelado, no había ni una sola flor de imaginación. Ni una metáfora, ni una parábola, ni una sola gota de poesía. Y entonces pensé en cómo la más grande y la más duradera oratoria que conocemos, la del Evangelio, es enteramente poética. Los sermones de Jesús están divinamente tejidos con metáforas, parábolas y paradojas. La metáfora, la parábola y la paradoja son los elementos didácticos de las enseñanzas orales del divino Maestro.

Pero lo que sucede es que cuantos pasan hoy entre nosotros por grandes oradores son abogados, y no creo que haya, para secar las aguas de poesía que atesore uno en su espíritu, profesión más a propósito que la abogacía. Por donde pase el soplo de los autos, la imaginación se seca; no hay metáfora o paradoja naciente que no se ahogue bajo el peso del papel sellado. Y recuerdo que Guerra Junqueiro, el gran poeta portugués, pocas palabras pronuncia con más desdén que esta de: ¡abogacía! Y, es claro, estos abogados oradores, como abogados que son, abogan por su oratoria, y han pretendido erigir en preeminencia y superioridad de su escuela, sobre la escuela de la oratoria poética, lo que es un defecto de aquella, de la abogacía: la falta de imaginación.

Zorrilla de San Martín es un poeta, un verdadero poeta, un gran poeta, un hombre que posee una imaginación riquísima al servicio de un sentimiento no menos rico que ella. Su poema «Tabaré» es uno de los pocos, poquísimos poemas escritos en lengua castellana cuya lectura he podido repetir, y en algunas de sus partes más de una y de dos veces. Zorrilla de San Martín es un gran poeta, o dicho sencillamente: es un poeta. Y basta. Porque de muy pocos puede decirse que lo sean de verdad.

Siendo Zorrilla de San Martín un poeta, su oratoria tiene que ser poética. Y en efecto lo es. Y así se explica que habiendo pronunciado seis de estos discursos en España —cinco en Madrid y uno en la Rábida— durante los años 1892 cuatro, uno en 1893, y en 1894 el otro, el nombre del gran poeta uruguayo no se hubiera hecho popular en nuestra patria. Llegó tarde; llegó cuando el verbo castelarino había tenido que emigrar a otros climas; llegó en invierno espiritual; llegó cuando ya empezaban a reinar los abogados de la oratoria, o mejor dicho, los oradores de la abogacía. Era un rezagado, uno que llegaba tarde, y como todos los rezagados, como todos los que llegan tarde, era un prematuro, uno que llegaba antes de tiempo. Y no digas, lector, que esto es paradoja. No, no lo es. El trasnochador de hoy es el madrugador de mañana, porque el hoy y el mañana se juntan, y el que hoy llega el último, no tiene sino quedarse, y será el primero mañana. Las modas vuelven. Y lo que sobre todo vuelve es la poesía. El pájaro cantor que al acercarse el invierno no emprendió su vuelo unido a la bandada de sus compañeros, no tiene sino esperar en cualquier rincón, abrigado del frío, invernando como Dios le dé a entender, callándose, no sea que alguien le oiga y, prevaliéndose del frío, le cace a mano, y esperar a que sus hermanos vuelvan. Él les recibirá.

Por entonces apenas oí hablar de Zorrilla de San Martín como de un orador, de modo que al leer estos discursos me he encontrado con que descubro un mediterráneo. Así lo creerán los que, habiendo oído por aquel año de 1892 a Zorrilla, lean ahora esta nota. Es fácil que para la necia superficialidad de nuestros auditorios —incluyendo los que pasan por más cultos— le perjudicara el acento americano; es más fácil que le perjudicase la estúpida prevención que en Madrid domina contra lo que de América viene. Que esta es la pura verdad. Sea de ello lo que fuere, el caso es que después de leídos los discursos que Zorrilla de San Martín pronunció en Madrid en 1892, me sorprende que no llegara entonces a mis oídos su nombre rodeado del prestigio de un verdadero orador, de un gran orador, de un orador poeta.

Zorrilla de San Martín es católico y tal se confiesa; ha sido diputado católico en su patria. Uno de los discursos de esta colección lo pronunció en el tercer Congreso Católico Uruguayo, celebrado en Montevideo en noviembre de 1900; otro en la celebración de las bodas (¿con quién?) de plata del Club Católico de Montevideo; otro en la velada que en el Colegio Seminario de dicha misma ciudad se celebró en honor de León XIII, en junio de 1902, y otros en ocasiones análogas. En todos ellos, en el primero de los aquí citados sobre todo, tienen mucho que aprender nuestros católicos, y en especial esos que andan haciendo y deshaciendo de continuo esa quisicosa que llaman la unión católica.

Zorrilla de San Martín es católico. Y es, ante todo y sobre todo cristiano. Y nadie tome esto a redundancia, porque si hay muchos, muchísimos cristianos que no son católicos, hay también muchos, muchísimos católicos que nada tienen de cristianos. Hay muchos que del catolicismo se han quedado con lo que le es privativo y específico, con lo que le diferencia de las demás iglesias y confesiones cristianas; no pocos con su lastre pagano, arrojando por la borda o dejando de lado lo que le es común con todas ellas; es decir, lo esencial. Y no faltan quienes pongan los mandamientos de la Santa Madre Iglesia por encima de los de la Ley de Dios, pues conozco yo aquí un desgraciado fanático que dice a su criada que el dejar de oír misa un domingo es pecado más grave que robar siete mil duros.

Merece que se los robe, porque la pobre mujer no deducirá de ahí lo grave que es dejar de oír misa en domingo, sino lo leve que es robar siete mil duros. Digo, pues —y vuelvo a tomar el hilo—, que Zorrilla de San Martín es un cristiano, es un orador poeta y cristiano. Lo cual quiere decir que es un orador sagrado. Sí, lo es. Muchos de sus discursos me saben a sermones, pero a verdaderos sermones. Y cuando la oratoria profana, la abogacía, la hedionda abogacía, invade, como invade hoy, el púlpito, es un consuelo que la oratoria sagrada, que la unción, invada la tribuna civil.

Una de las cosas que echo de menos en los discursos abogadescos que por ahí se oyen, es, aparte de la falta de imaginación que en ellos se observa, su falta de unción. Ninguno parece brotar del corazón; rara vez se llega a la comunión espiritual entre orador y oyentes. Todo aquello suena a hueco. Y por esto admiro yo las palabras que Zorrilla de San Martín pronunció en el atrio de la catedral de Montevideo, sobre el cadáver de don Jacinto Vera, primer obispo de Uruguay. En esas palabras, como en otras pronunciadas por Zorrilla en otras ocasiones, hay unción.

Y es natural, el hombre que tan hondamente siente la religión y que ha sabido hundirse en las entrañas de su propia fe religiosa, y llegar en ellas, lo que esa fe tiene de común con las de todas las demás confesiones cristianas —y aun no cristianas—; el hombre que ha sabido eso por ser un poeta, un verdadero poeta, ese hombre tiene que sentir la patria religiosa y poéticamente, que es sentirla sobrepoéticamente, con una poesía sublimada a lo eterno. Y basta leer el discurso que este poeta religioso pronunció en la inauguración de la estatua de Lavalleja, el reconquistador. Este maravilloso discurso me recuerda otro discurso americano, maravilloso también: el que el gran Sarmiento —el escritor en lengua castellana que prefiero a todos los demás del siglo pasado— pronunció en la inauguración de la estatua al general Belgrano, primer caudillo de la independencia argentina. En el de Sarmiento hay más robustez y más doctrina política; en el de Zorrilla más visión poética y más entusiasmo; en ambos hay imaginación, que es lo que, ante todo y sobre todo, debe haber en todo discurso. Y eso que en ambos se introduce algo, arteramente, la abogacía. Porque abogacía es el empeño de Zorrilla de convencernos de que la independencia del Uruguay es hija de una ley providencial, que la República del Uruguay tiene que ser por razones geográficas independiente, una nación subtropical y a la vez atlántica.

Aquello de: «seríamos independientes con nuestra voluntad, sin nuestra voluntad y aun contra nuestra voluntad», es un buen arranque oratorio, pero de oratoria abogadesca. A sus oyentes, a los orientales que le oían, no necesitaba demostrarles la necesidad de la independencia patria.

Lo de aducir pruebas en favor de algo que el corazón demanda, puede provocar a comentarios como aquel de cierto sujeto que, al oír a un predicador jesuita —orador abogadesco, por lo tanto— acumular pruebas de la existencia de Dios, decía: ¡Hum! Pone demasiado empeño en probárnosla, como si no estuviera muy seguro de ella. Y también me recuerda ese empeño en dar a la patria uruguaya un fundamento geográfico e independiente de la voluntad histórica de los hombres, el empeño de un portugués, amigo mío, en demostrar que ya desde la época prehistórica, Portugal formaba, en cuanto a la raza que lo poblaba, algo distinto y aparte del resto de España. O lo de aquellos catalanes que pretenden diferenciarse del resto de las demás castas españolas más que estas entre sí, pretensión que de puro gratuita recae en lo ridículo.

Mas dejando todos estos tiquismiquis puramente digresivos, el caso es que el discurso de Zorrilla ante la estatua de Lavalleja es un modelo de discurso patriótico.

Un motivo especial hay para que nosotros los españoles nos sintamos agradecidos a Zorrilla, y es la elocuente simpatía con que se ha expresado siempre que ha tenido que hablar de la que llamamos madre patria, de España. Pocas veces se habrá expresado con más elocuencia que nuestro poeta orador lo hizo en la explanada del Monasterio de la Rábida el día 12 de octubre de 1892, cuarto aniversario de la partida de Colón para América, lo que es la nación hispánica, la *Hispania Maior*, «la persona Hispania», como el poeta decía. Aquella visión de la gran entidad humana, a modo de gigantesca nube que recorre los siglos, recuerda algunas de las imágenes oratorias de que gustaba otro orador católico: Donoso Cortés.

Refiriéndose a nuestra España, decía en aquella ocasión memorable Zorrilla de San Martín:

Hoy es su cumplesiglos; ella la descubridora, ella la conquistadora, ella la colonizadora, la grande. Ella existía en la raza, cuando nosotros no habíamos nacido; ella es, pues, la madre, no la madre anciana, pues los pueblos no tienen edad mientras viven, sino la madre eternamente núbil. La América nació de una herida de gloria que esa España se hizo en el corazón. Sí, señores, hoy es día de justicias seculares. El descubrimiento de América, su conquista, su colonización, fueron un desgarrón de las entrañas de España; por esa enorme herida se derramó su sangre sobre el otro mundo, se fueron con ella muchas energías, que, si hubieran quedado aquí, en este hermoso territorio, aquí hubieran dado sus frutos, engrandeciendo a esta nación, dándole prosperidad, como prosperan materialmente los hombres infecundos, los que no parten su pan con sus hijos no nacidos. Hoy hace cuatro siglos, señores, ganó la raza hispánica, pero perdió la nación española; y lo que ella perdió fue nuestra vida, fue nuestra herencia.

Y seguía diciendo el poeta:

No seremos nosotros los americanos, señores, los que le reprochemos la genial locura que nos engendró: la decadencia es gloria en estos casos, como lo es la sangre perdida en la batalla gloriosa, como lo son las grandes cicatrices en el pecho, como lo es la santa palidez de la mujer conveleciente, después de haber sido madre dolorosa de un hombre, que es también un mundo.

48

No sigo copiando —y lo que sigue es no menos elocuente— porque presumo que no faltará lector que al leer lo trascrito se diga: ¡Sí, bien, retórica, retórica…, lindas palabras! Y le salgo al paso y le digo: Pero ¿es que crees, lector avisado, que tan sobrados andamos de retórica, de buena retórica, quiero decir? ¿Es que tanto nos sobran las lindas palabras? Pues yo creo que no, y que todo eso que por ahí se dice de abuso de la elocuencia es una mentira más que hay que agregar a las muchas que circulan.

Yo os invito a que leáis las *Conferencias y discursos* de Juan Zorrilla de San Martín y me digáis después si habéis oído muchas veces una palabra más sostenidamente elocuente y en que hasta los lugares comunes oratorios, los tópicos retóricos más venerables por su antigüedad, hagan más el efecto de ser recién nacidos. Porque esta es una de las grandes ventajas del poeta orador, y es que hasta las metáforas seculares se rejuvenecen en sus labios y parecen dichas por la vez primera. La originalidad no estriba en ser el primero en haber inventado esta o la otra metáfora, paradoja o parábola, este o el otro concepto: la originalidad estriba principalmente en el modo de emplearlas, en la manera como las tramamos unas con otras.

Lo cual no quiere decir, ni mucho menos, que Zorrilla de San Martín no haya parido metáforas nuevas y metáforas hondamente poéticas, esplendorosas y musicales a la vez. Lo que eso quiere decir es que es más padre de un pensamiento el que lo cría y lo pone en el lugar que en el mundo de los pensamientos mejor le corresponde, para que él luego se valga por sí y por sí viva, que no el que lo engendra o lo pare. Y así un orador, un verdadero orador, es aquel que con expresarse en la lengua misma en que hablan todos sus vecinos, sirviéndose de las mismas palabras de que ellos se sirven y construidas según la misma sintaxis con que ellos las construyen, parece, sin embargo, que va creando su lengua según habla, que las palabras florecen virginales en sus labios.

Y esto solo puede hacerlo el poeta; solo el poeta es gran orador. Porque las palabras no son sagradas, no son puras, no son melodiosas, mientras no hayan pasado por el ritmo; palabra que no haya sido engarzada alguna vez con otras, en poesía, no es palabra de ley, de unción. Y es que así como el bieldo aventando la parva hace que el aire del cielo depure el grano, llevándose el tamo, y cae el dorado trigo que ha de hacerse pan, así el verso, aventando el lenguaje, hace que se vaya el tamo de la palabra, que no resiste al ritmo, y quede el trigo dorado de ella.

Zorrilla de San Martín es un gran poeta, «el más grande poeta de la América Española» le llama el señor Fernández y Medina, prologuista de este libro, y por ser un gran poeta es un gran orador. Todo gran orador es, ante todo y sobre todo, un poeta, y todo poeta es orador, aunque sea orador mudo. En «Tabaré», en este hermosísimo poema de Zorrilla San Martín, hay mucha elocuencia, elocuencia soberana.

No es cosa de entrar aquí en el examen de cada uno de los discursos y conferencias de que se compone la colección que motiva esta nota; eso sería prolijo e inútil. Además, eso sería crítica, en el sentido estricto de esta palabra, y la crítica es, principalmente, abogacía. Dejémosla.

Diciembre de 1905.

VIDA Y ARTE

Sr. D. Antonio Machado:

Mi estimado amigo: la carta en que me contesta a lo que dije a su hermano Manuel, en la que le escribí hablándole del librito de poesías que usted ha publicado, es una carta sugeridora. Y, a tal punto lo es, que creo bueno contestársela en público y tomando a usted como de medianero para con este. Precisamente las impresiones de sus dos años de estancia de París que usted me comunica me llegan a tiempo en que estoy leyendo el librito de Léon Bazalgette *Le Problème de l'Avenir Latin*, al que pienso dedicar dos o tres estudios. «Poseen el arte de conversar —me dice usted de los franceses—, el cual consiste en conceder siempre la razón al interlocutor y seguir sosteniendo la tesis contraria, así como nosotros poseemos el arte de *disputar*, que consiste, a su vez, en pegarle siempre al interlocutor, aunque estemos de acuerdo con él. Y es que, para un francés, el discurrir sobre un tema cualquiera, es un simple pretexto para apurar unos cuantos ajenjos, y para nosotros una opinión es algo así como un gallo con espolones afilados que debe siempre pelear. Ellos saben beber y nosotros no sabemos hablar». Todo lo cual se lo dice usted a un infatigable disputador y bebedor de agua tan solo.

Comenta luego lo que, a propósito de su libro de usted, le escribí a su hermano que es fuerza nos abramos paso por nosotros mismos en la selva española, virgen en su mayor parte, y al comentarlo da usted en una de mis tesis favoritas. Me dice que sostenía a algunos amigos de allá, grandes adoradores del alma francesa, que la vida en París es poco fecunda para el arte, porque la vida allí es arte, y no siempre bueno, y el arte viene a ser ya como una redundancia u ornamento casi inútil. «Pasa lo contrario —añade usted— en España, donde aparte de algunas capitales que tienen alma postiza, la vida, que se ignora a sí misma, corre más espontánea y verdadera, y tiene mayor encanto para el arte». Y más adelante: «Empiezo a creer, aun a riesgo de caer en paradojas, que no son de mi agrado, que el artista debe amar la vida y odiar el arte. Lo contrario de lo que he pensado hasta aquí». Vamos a ello.

Dejemos en paz a los franceses, y que sean como son, o búsquense como deben ser, deslatinizándose como quiere Bazalgette, y seamos también nosotros como por dentro somos, buscando nuestro fondo permanente, y deslatinizándonos también hasta encontrar los entresijos ibéricos, morunos, berberiscos o lo que fueren. Dejo también eso de que no son de su agrado las paradojas, la forma más perfecta para exponer verdades vivas —y bien lo sabía el Cristo que las prodigó en su buena nueva— y vamos a su fórmula de que el artista debe amar la vida y odiar el arte.

He perdido ya la cuenta de las veces que habré hablado y escrito del teatro de teatro, novela de novelas, cuento de cuentos, etc., etc. No voy casi nunca al teatro, y es que no puedo resistirlo; aquellos personajes que gesticulan y charlan en el tablado me parecen sacados de otros dramas o comedias, me hace el efecto de ser un mundo aparte. Los más de los dramaturgos se forman leyendo dramas y viéndolos representar. He de confesarle que no conozco nada de Tamayo, y que mi repugnancia a leerle o ver representar sus obras procede de que fue hijo de cómicos y se educó entre ellos. Solo iría al teatro cuando me anunciasen la entrada en él de «un bárbaro», de un extraño a las tablas. Tengo tanta aversión a los personajes de teatro como a los hombres que hablan como un libro, pues el hombre que habla como un libro es incapaz de hacer un libro que hable como un hombre. No puedo resistir a los pedantes del oficio que nos salen a cada paso con el estribillo de si es o no es una cosa teatral, siendo lo peor de ello que logran sugestionar al público, a ese mismo público borregueril, que por instinto rebañego se empeña en que le ha de parecer más hermosa la Venus de Milo que una moza pizpireta, de nariz remangada y ojos picantes.

De las novelas de novelas, no hablemos.

Ya sé que nos dirán que el arte es algo específico, que tiene sus leyes y sus reglas, que hay normas eternas del gusto, y otra porción de monsergas que se lee doctamente desarrolladas en cualquier manual de estética, pero yo me atengo a lo mío. Y lo mío es que prefiero todo estampido bravío y fresco que nos pone a descubierto las entrañas de la vida, que no todas esas gaitas que acaban en los sonetos de Heredia o en las atrocidades de Baudelaire.

Ni concedo que ese arte por el arte mismo sea superior en cuanto a la forma. Día llegará en que en nombre de la Hermosura se pegue fuego a todo papel en que estén estampadas frases de esas que se llaman impecables, barnizadas vaciedades. No se debe tolerar que los anémicos traten de imponernos su estética, ni quieran hacer pasar por perfecciones sus soñolientas melopeas sujetos que tengan amasado el cuerpo con pus y el alma con envidia.

He oído decir de un famoso compositor francés que, oyendo en Madrid algunos aires de un popularísimo músico español, decía: «Esto no es música, pero de entre lo que se le parece, es una de las cosas que más nos agradan». El español debe decir: «No disputemos por nombres, esto será música o lo que se quiera, pero sea lo que fuere, si tiene alma y la comunica, es mil veces más hermoso que todas esas sonatas sabiamente construidas». Que es lo que yo hago cuando me pongo a hablar en público, y se me oye con atención y hasta con agrado, y dicen después: «lo cierto es que gasta oírle, pero no es orador». Yo me digo: «los que no son oradores son todos esos mentirosos adjetivadores, parlanchines de manoteo y de párrafos largos y redondos». Porque aquí, amigo Machado, oigo a muchos lamentarse del exceso de oradores, y yo apenas he oído aún a ninguno que lo sea. Los que he oído se guardan y recelan, carecen de unción y de vida, cierran las entrañas, acaso porque no las tienen. Me aseguran que lo son de veras tales y cuales, A. y M., verbigracia; no los he oído, pero he leído algunos de sus discursos, y no hay potencia humana que me haga creer que todo aquello pueda haber sido una hermosa oración, así la haya pronunciado el mejor actor del mundo. Porque de allí no se saca, no digo una idea, ni una metáfora, ni un grito del corazón, ni un vertimiento de alma, ni una frase de unción.

La cuestión es no cortar la digestión de las gentes bien comidas, ni meter inquietud en el corazón de los satisfechos con la vida que pasa. El arte debe ser un buen digestivo, y para ello buscar drogas que acaben por estragar los estómagos.

Venga usted a lo más externo, a la lengua, y vea cómo nos la están poniendo los estilistas, atentos a borrar asonancias y a rebuscar otras mandangas. Agavillan todos los chamarileros, y así sale ello. Al cabo, esa lengua hórrida y escuálida del parlamento en que está escrita la prensa. De vez en cuando algún infeliz que se pone a enfurtir su lengua a mazo y sudor.

He pensado mil veces lo bueno que sería que una legión de taquígrafos se dedicara a tomar por cafés, mercados, plazas, ferias y tabernas de lugarejos todo lo que se dice y charla, y se publicara esto, y luego no faltarían quienes se habían de hacer cruces al descubrir cuánto se diferencia, en la sintaxis sobre todo, la lengua que se habla de la que se escribe. Y la sorpresa sería mayor al ver que muchos de los escritores que son tenidos por más incorrectos es porque hablan lo que escriben; lo contrario de esos oradores que escriben lo que hablan. Y todo esto, aunque caiga en sarta sin cuerda, tiene relación a lo que usted me escribe del arte y de la vida. Recorra, pues, la virgen selva española, y rasgue su costra y busque debajo de la sobrehaz calicostrada en agua que allí corre, agua de manantial soterraño. Huya, sobre todo, del «arte de arte», del arte de los artistas, hecho por ellos para ellos solos. Es como cuando un pianista se presenta al público a tocar piezas difíciles, ejercicios de prestidigitación, virtuosidades, en fin. Eso es un insulto. Y es un insulto al público darle serventesios, madrigales, pastorelas, cántigas o cualquier otra antigualla a la manera de este o de aquel. Que no se vea en usted al profesional, por Dios: dé usted cosas sin mote y a la manera de usted. La profesión de poeta es una de las más odiosas que conozco, y en cuanto se hace de la poesía profesión, habría que obligar al poeta a que fuese lo que en algunos apartados lugares entienden por tal nombre: calendariero, esto es, el que hace juicios del año para los calendarios y los pone en coplas. Por eso decía cierto barquero del Mondego, en Coimbra, al preguntarle qué poeta conocía: *¡o zaragozano, senhor!*

Recuerde cómo Platón, aquel soberano artista y poeta expulsó de su República a «esos hombres hábiles en el arte de imitarlo todo y de tomar mil formas diferentes» que van a que se admire sus obras, y después de rendirles homenaje como a hombres divinos y admirables, les dice que no los admite la República y les despide, derramándoles perfumes sobre la cabeza y contentándose con poetas y narradores más austeros y menos agradables. Es decir, más poetas que los otros.

Bueno es que busque su arte en la vida, y en la vida sin arte reflexivo, pero mejor será que afirme su propia estética y acepte la batalla en su terreno. Haga lo que yo hago cuando me vienen con retóricas los cinceladores de frases frías y huecas, y me hablan de la forma, y es que replico: «Sí, es cierto; forma, pero es que como forma la vuestra es detestable, es que los que apenas os cuidáis sino de la forma, ni aun forma conseguís, pues eso no es forma, sino chapeado, eso es adormidera y nada más».

Helios, 1903.

ÍNDICE